BEI GRIN MACHT SICH IHR WISSEN BEZAHLT

- Wir veröffentlichen Ihre Hausarbeit, Bachelor- und Masterarbeit

- Ihr eigenes eBook und Buch - weltweit in allen wichtigen Shops

- Verdienen Sie an jedem Verkauf

Jetzt bei www.GRIN.com hochladen und kostenlos publizieren

Bibliografische Information der Deutschen Nationalbibliothek:

Die Deutsche Bibliothek verzeichnet diese Publikation in der Deutschen National-
bibliografie; detaillierte bibliografische Daten sind im Internet über http://dnb.d-
nb.de/ abrufbar.

Impressum:

Copyright © 2016 GRIN Verlag
Druck und Bindung: Books on Demand GmbH, Norderstedt Germany
ISBN: 9783668714434

Dieses Buch bei GRIN:

https://www.grin.com/document/427341

Marion Steiner

Trainingsplanung Krafttraining. Krafttrainingsplan (Makro- und Mesozyklus)

GRIN Verlag

Deutsche Hochschule für

Prävention und Gesundheitsmanagement

Hermann Neuberger Sportschule 3

66123 Saarbrücken

Einsendeaufgabe

Fachmodul:	Trainingslehre I
Studiengang:	Bachelor Gesundheitsmanagement
Datum Präsenzphase:	20.06 – 23.06.2016
Name, Vorname:	Steiner, Marion
Studienort:	**München**
Semester:	**Wintersemester 2015**

Inhaltsverzeichnis

1   Diagnose

1.1   Allgemeine und biometrische Daten

Tab. 1: Allgemeine und biometrische Daten Frau X

Alter / Geschlecht	36 / weiblich
Körpergröße / -gewicht	160 cm / 50 kg
Körperfettanteil / BMI	24 Prozent / 19,5
Taillenumfang	74 cm
Blutdruck / Ruhepuls	112/68mmHg / 52 Schläge pro Minute
berufl. Tätigkeit	Arzthelferin, Fernstudentin
Trainingsmotive	Rückenschmerzen lindern, mehr Kraft für Alltag/Beruf/Laufen
akt. sportl. Aktivitäten	seit 6 Jahren 3-4x Laufen pro Woche
frühere sportl. Aktivitäten	in der Jugend: Vereins-Handball (1x pro Woche)
verfügbare Zeit	max. je 60 Min. an 2 Tagen pro Woche
gesundheitl. Einschränkungen	keine (Nichtraucherin, kein Alkohol, keine Medikamente, nicht schwanger)
internistische Probleme	keine (kein Diabetes Typ I/II; keine Schilddrüsenerkrankung, keine Herz-Kreislauf-Probleme, kein Asthma, optimaler Blutdruck)
orthopädische Probleme	keine; leichte Schmerzen im LWS-Bereich; nicht chronisch; laut Arztbefund keine degenerative WS-Erkrankung (kein Bandscheibenvorfall, keine Skoliose); keine Gelenk- bzw. Muskelbeschwerden
Trainingsalter KT	Anfängerin
Einschränkungen KT	keine

Die Analyse der allgemeinen und biometrischen Daten von Frau X ergibt folgendes Bild:
Frau X ist eine gut ausdauertrainierte junge Frau. Ihr Körpermasseindex (BMI), ihr Taillenumfang und ihr mittels Kalipermetrie ermittelter Körperfettanteil liegen für ihre Altersklasse im Normbereich. Diesen definiert die Deutsche Adipositas Gesellschaft in ihrer Leitlinie zur „Prävention und Therapie der Adipositas" (DAG, Interdisziplinäre Leitlinie der Qualität S3 zur „Prävention und Therapie der Adipositas", S.15) wie folgt:

BMI (kg/m^2)

Normalgewicht: 18,5 – 24,9

Taillenumfang Frauen (in cm)

abdominale Adipositas: $\geq$ 88cm

Ihr Blutdruck liegt mit 112/68mmHg im optimalen Bereich, den die „Leitlinien für das Management der arteriellen Hypertonie" (Deutsche Gesellschaft für Kardiologie, 2013, S.7) wie folgt definieren:

Kategorie	systolisch		diastolisch
optimal	< 120	und	< 80
normal	120-129	und/oder	80-84

Ihr Ruhepuls von 52 Schlägen pro Minute unterschreitet den Ruhepulsbereich von nicht ausdauertrainierten Erwachsenen, der zwischen 60-80 Schläge pro Minute liegt. Da Frau X seit mehreren Jahren ausdauerorientiertes Lauftraining betreibt, kann der niedrigere Wert darauf zurückgeführt und positiv bewertet werden. Bei nicht ausdauertrainierten Erwachsenen sollte bei einem Ruhepuls von < 60 Schläge pro Minute ärztlicher Rat eingeholt werden, da eine Bradykardie krankhafte Ursachen haben und gesundheitliche Risiken bergen kann (Flicke, 2014, S.12f). Schon früher verspürte Frau X in unregelmäßigen Abständen kurzzeitig leichte Rückenschmerzen. Seit ca. 4 Wochen sind die Beschwerden stärker und öfter vorhanden. Frau X bewertet die Schmerzen auf der von 6 (= sehr, sehr gering) bis 20 (zu stark) eingeteilten Borg-Skala mit 13 (= ziemlich stark) (Löllgen, 2004, S.299). Frau X vermutet als Ursache ihre körperlich anstrengende Arbeit (Tätigkeiten in gebückter Haltung, häufiges Stehen und Heben von Lasten) und eine zu schwache Rumpfmuskulatur. Eine Rücksprache mit ihrem Arzt und der Ausschluss degenerativer Wirbelsäulenschäden scheint dies zu bestätigen. Frau X möchte durch das Training den akuten Rückenschmerz lindern und ihre Rumpfmuskulatur stärken. Frau X führt einen gesunden Lebenswandel, ist in einem guten allgemeinen Gesundheitszustand und hat weder internistische noch orthopädische Probleme, so dass von einer normalen Belast- und Trainierbarkeit im Kraftbereich ausgegangen wird.

1.2 Krafttestung

Um die Belastungsparameter (= Belastungsintensität, -dauer, -umfang, -dichte, -häufigkeit) in Abhängigkeit von Frau X' gegenwärtigem Leistungszustand festlegen und im Lauf des Trainings anpassen (= Trainingsprinzip der progressiven Steigerung) zu können, werden die für sie optimalen submaximalen Trainingsintensitäten (= die Gewichtslasten) mit einem Mehrwiederholungskrafttest (X-RM-Test) ermittelt. Der X-RM-Test wird anderen Krafttestverfahren (Maximalkraft-/1-RM-Test, Intensitätsbestimmung über subjektives Belastungsempfinden/Borg-Skala, funktionsgymnastischer und isometrischer Kraftausdauertest) aus folgenden Gründen vorgezogen:

- Beim 1-RM-Test würde man versuchen, das Testgewicht so zu wählen, dass Frau X damit höchstens eine korrekte Ausführung bewältigen kann. Da von ihr als Anfängerin keine Vergleichsdaten vorliegen, wäre die Wahl des Testgewichts schwierig, eine Über- oder Unterforderung möglich. Darüber hinaus bergen die maximale Belastung der noch untrainierten Körperstrukturen von Frau X und ihre fehlende Bewegungs- und Technikerfahrung ein hohes Verletzungsrisiko (Miessner, 2012, S.44).
- Die Intensitätsbestimmung über das subjektive Belastungsempfinden (z.B. Borg-Skala), scheint ebenfalls ungeeignet. Studien deuten darauf hin, dass es vor allem bei krafttrainingsunerfahrenen Sportlern eine „... deutliche Diskrepanz zwischen intuitiv gewählter Last und gängigen trainingswissenschaftlichen Vorgaben bzw. Empfehlungen zur Intensitätsgestaltung ..." (Eifler, 2013, S.86) gibt.
- Funktionsgymnastische und isometrische Kraftausdauertests mit dem eigenen Körpergewicht scheiden wegen des für Frau X geplanten Gerätetrainings aus, da aus den Ergebnissen keine Trainingsintensitäten abgeleitet werden können.

Im Vergleich zu den vorgenannten Tests hat der Mehrwiederholungskrafttest (X-RM-bzw. Individuelle-Leistungsbild-Test, kurz: ILB-Test) folgende Vorteile:

- „Der Kerngedanke des ILB-Tests besteht darin, das maximale Gewicht für diejenige Wiederholungszahl auszutesten, mit der im folgenden Zyklus trainiert werden soll" (Strack & Eifler, 2005, S.154; zitiert nach Eifler, 2013, S.73) und zwar für jede einzelne der im jeweiligen Mesozyklus vorgesehenen Übung.
- Der ILB-Test ergibt für jede getestete Übung Referenzwerte, die als Berechnungsgrundlage für die Trainingsintensität dienen. Ausschlaggebend ist dabei das Trainingsalter. Anfänger wie Frau X trainieren gemäß der ILB-Methode im Intensitätsbereich von 50-70% des von ihnen im ILB-Test erreichten individuellen Maximalwerts (Eifler, 2013, S. 74).
- Die regelmäßige Durchführung des ILB-Tests (i.d.R. vor jedem neuen Mesozyklus) ermöglicht eine „... konsequente Periodisierung des Krafttrainings" (Eifler, 2013, S.75) sowie eine leistungsadäquate Anpassung von Belastungsintensitäten und Übungen (Eifler, 2013, S.75). Darüber hinaus erlaubt der Test eine Leistungsdokumentation, die für den intraindividuellen Leistungsvergleich genutzt werden kann.

Der Testablauf, beispielhaft an der Übung ‚Beinpresse horizontal sitzend' dargestellt, ge-staltet sich wie folgt: Da Frau X plant, Montagvormittags um 8 Uhr nach dem Frühstück zu trainieren, wird der X-RM-Test für einen Montag um 8 Uhr angesetzt. Ähnlich einer ‚echten' Trainingseinheit bereitet sich Frau X mit dem allgemeinen Aufwärmen (15 Mi-nuten Crosstrainer) auf den Test vor. Ziel ist eine Erhöhung der Körperkerntemperatur, eine gesteigerte Durchblutung der Organe inklusive höherer Sauer- und Nährstoffversor-gung, eine Steigerung der nervalen Leit- und Muskelkontraktionsgeschwindigkeit sowie eine erhöhte Koordination, Konzentration und Motivation (Miessner, 2012, S.73). Darauf folgt das spezielle Aufwärmen an der Beinpresse (Hinweis: Für jedes Testgerät wird Frau X vor dem 1. Testsatz das spezielle Aufwärmen absolvieren.). Dabei wird die Zielmus-kulatur auf den konkreten Bewegungsablauf vorbereitet und die Gleitfähigkeit in den be-teiligten Gelenkstrukturen durch eine vermehrte Produktion von Gelenkflüssigkeit ver-bessert (Miessner, 2012, S.73). Da im Mesozyklus I ein Kraftausdauertraining geplant ist, sind für die Beinpresse (und alle anderen Übungen des Zyklus) 20 Wiederholungen an-gesetzt. D.h. es gilt in maximal 3 Testsätzen (mit jeweils 3 Minuten Satzpause) das Ge-wicht herauszufinden, das Frau X gerade noch 20mal korrekt bewegen kann. Im ersten Testsatz wird ein Gewicht von 40kg aufgelegt; dieses wird von Frau X mit 20 Wiederho-lungen leicht bewältigt. Im zweiten Testsatz wird das Gewicht auf 45kg gesteigert. Nach der 3minütigen Satzpause bewegt Frau X im 2. Testsatz die aufgelegten 45kg Gewicht ebenfalls 20mal bei moderater Beanspruchung. Im 3. Testsatz werden 50kg Gewicht auf-gelegt, die Frau X nach der Satzpause gerade noch 20mal korrekt bewegen kann. Das Endgewicht von 50kg wird nun zur Berechnung der Trainingsintensität herangezogen, d.h. Frau X wird im Makrozyklus I an der ‚Beinpresse horizontal sitzend' 2 Sätze à 20 Wiederholungen mit 25kg Startgewicht (≙ 50% ihres Maximalwerts) absolvieren.

Tab. 2: Mehrwiederholungskrafttest (X-RM/ILB)

Übung	Wdh.	Testsatz 1	Testsatz 2	Testsatz 3	Ergebnis
Beinpresse horizontal sitzend	20	40kg	45kg	50kg	50kg
Latzug vertikal zum Nacken	20	20kg	25kg	30kg	30kg
Crunch / Bauchmaschine	20	25kg	30kg	-	30kg
Brustpresse sitzend	20	30kg	-	-	30kg
Rückenstrecken / lumbale Ex-tensionsmaschine	20	45kg	50kg	-	50kg

2 Zielsetzung/Prognose

Tab. 3: Zielsetzung

	Inhalt	Ausmaß	Zeit
Ziel 1	Rückenschmerzreduktion	um 2-3 Punkte des subjektiven Schmerzempfindens auf der Borg-Skala	6 Monate
Ziel 2	Erhöhung Kraftleistung	15-20%	6 Wochen
Ziel 3	Muskelaufbau	Reduktion Körperfettanteil um 2-3%	6 Monate

Das vorrangige Trainingsmotiv von Frau X sind ihre akuten Rückenschmerzen. Als erstes Trainingsziel des 6monatigen Makrozyklus wird daher die Reduktion der Rückenschmerzintensität um 2-3 Punkte auf der Borg-Skala definiert. Wie Stephan, Goebel & Schmidtbleicher feststellen, ist maschinengestütztes Ganzkörperkrafttraining eine geeignete Sportintervention zur Behandlung chronischen Rückenschmerzes, da sie dabei hilft, das Schmerzniveau zu senken, das Erleben alltäglicher Beeinträchtigungen zu reduzieren und Kraft aufzubauen (Stephan, Goebel & Schmidtbleicher, 2011, S.73). Für ihre berufliche Tätigkeit wünscht sich Frau X eine höhere Kraftleistung. Als zweites Ziel wird daher eine Erhöhung derselben um 15-20% innerhalb des ersten Mesozyklus festgelegt. Vor allem von Krafttrainingsbeginnern kann innerhalb von 6-8 Wochen ein durchschnittlicher Kraftzuwachs von bis zu 20% erreicht werden (Strack & Eifler, 2005, S.158; zitiert nach Eifler, 2013, S.76). Zur Erfassung der Kraftsteigerung wird Frau X vor und nach Mesozyklus I den oben beschriebenen X-RM-Test unter vergleichbaren Bedingungen (bezogen auf Übungen, Gewichte, Wochentag, Uhrzeit, Ernährung, Regenerationszustand) absolvieren. Aus ihrer täglichen Arbeit mit älteren Menschen weiß Frau X, dass „...sich die Maximalkraft (höchster willkürlich erzielter Kraftwert) zwischen dem 30. und 80. Lebensjahr ... um 20 bis 40 Prozent reduziert" (Granacher & Borde, 2013, S.23). Dafür ist vor allem „... die altersbedingte Verringerung der Muskelmasse, die auch als Sarkopenie bezeichnet wird, verantwortlich" (Granacher & Borde, 2013, S.23). Frau X möchte für Beruf, Alltag und Freizeit lange belastbar und verletzungsfrei bleiben und legt als drittes Ziel einen moderaten Muskelaufbau fest. Da die Höhe der Körperfettwerte Rückschlüsse auf die aktive Körpersubstanz zulassen (Herm, K.-P., 2003, S.153) wird das dritte Ziel als Reduktion des Körperfettanteils um 2-3% innerhalb von 6 Monaten definiert und per Kalipermetriemessung überprüft.

3 Trainingsplanung Makrozyklus

Tab. 4: Makrozyklus (6 Monate)

		Mesozyklus I		Mesozyklus II		Mesozyklus III		Mesozyklus IV
Zyklusdauer		6 Wochen		6 Wochen		6 Wochen		6 Wochen
Trainingsziel		Kraftausdauer-training		Übergangstrai-ning		Muskelaufbau-training		Kraftausdauer-training
Einheiten pro Woche		2		2		2		2
Organisations-form	ILB-Test: 20 Wiederholungen	GK/Station	ILB-Test: 15 Wiederholungen	GK/Zirkel	ILB-Test: 8 Wiederholungen	GK/Station	ILB-Test: 15 Wiederholungen	GK/Zirkel
Übungen pro Muskelgruppe		1-2		1-2		1-2		1-2
Sätze pro Übung		2		2		2		3
Satzpausen		60 Sekunden		60 Sekunden		60 Sekunden		60 Sekunden
Wiederholun-gen		20		15		8		15
Intensität		50-70% ILB		50-70% ILB		50-70% ILB		50-70% ILB
Bewegungs-tempo (TUT)		2-0-2		2-0-2		2-0-2		2-0-2

Wie bereits unter 1.2 zur Begründung des X-RM-Krafttests dargestellt (S.5ff), ist Frau X als Anfängerin einzustufen. Obwohl sie über eine gute Gesamtkonstitution verfügt, stellen ihre fehlende Vorerfahrung (bzgl. technisch-korrekter Bewegungsabläufe, richtiger Atmung), noch nicht vorhandene neuronale, enzymatische, hormonelle und zelluläre Strukturen sowie die akuten Rückenschmerzen limitierende Faktoren dar, die aus verletzungsprophylaktischen Gründen ein Maximalkrafttraining bis zur muskulären Ausbelastung vorerst nicht angeraten erscheinen lassen. Für Frau X ist die Individuelle-Leistungs-bild-Methode (ILB) die übergeordnete Trainingsmethode der Wahl, da

- „… die kardiovaskuläre und metabolische Beanspruchung in einem für die Zielgruppe der Fitness- und Gesundheitssportler akzeptablen Rahmen liegt" (Eifler, 2013, S.74);
- die Wiederholungszahlbereiche aus trainingspraktischen Erfahrungen resultieren und je nach erwünschter Trainingswirkung (Kraftausdauer-, Hypertrophie- oder Maximalkrafttraining) gestaffelt sind (Eifler, 2013, S.74);

- per X-RM-Test das maximale Gewicht für die Wiederholungszahl ermittelt wird, mit der im folgenden Zyklus tatsächlich trainiert werden soll (Eifler, 2013, S.73);
- das Trainingsalter bei der Steuerung der Belastungsparameter ausschlaggebend ist und diese mit Hilfe des ILB-Grobrasters progressiv an die steigende Leistungsfähigkeit bzw. das höhere Trainingsalter angepasst werden können (Eifler, 2013, S.74).

Dem ILB-Grobraster folgend wird Frau X mit 50-70% des maximalen Gewichts für die abhängig von der jeweiligen Trainingswirkung vorgegebenen Wiederholungszahlen trainieren. Damit befindet sie sich in Abgrenzung zum Ausdauer- im Kraftverhalten, das bei mindestens 30% der individuellen Maximalkraft beginnt. Für die angestrebten vorwiegend anaeroben Anpassungsprozesse, die Erhöhung der Kraftausdauer und den angestrebten Muskelaufbau sind äußere Widerstände von mindestens über 50% erforderlich, da erst dann die anaerobe Energiebereitstellung überwiegt (Güllich & Schmidtbleicher, 1999, S.226, 229). Als „ideale Trainingshäufigkeit für jeden Anfänger und den klassischen Fitness-Sportler" (Gottlob, 2013, S.128) empfehlen sich zwei Trainingseinheiten pro Woche (= Prinzip der Dauerhaftigkeit und Kontinuität). Damit lassen sich moderate bis gute Anpassungseffekte erzielen und zugleich „... eine Mindesterholungszeit von 72 Stunden für jeden Muskel" (Gottlob, 2013, S.128) gewährleisten (= Prinzip der optimalen Relation von Belastung und Erholung). Mehr als zwei 60minütige Einheiten pro Woche lässt der Zeitkorridor von Frau X nicht zu, was auch bei der Planung der Übungsanzahl (z.B. Mesozyklus I: Auf- und Abwärmen plus 5 Übungen mit je 20 Wiederholungen und 2 Sätzen im GK/Stationstraining) berücksichtigt wird. Wenngleich Frau X als Beginner „... in der ersten Trainingsphase sowohl von einem Einsatz- als auch von einem Mehrsatz-Training ..." (Fröhlich, 2006, S.283) profitieren würde und „... in den ersten Trainingswochen kaum Unterschiede in den Kraftgewinnen bei unterschiedlichen Satzzahlen zu erwarten sind, da in dieser ersten Trainingsphase die koordinativen und neuromuskulären Anpassungen weitestgehend unabhängig von der Satzzahl sind" (Fröhlich, 2006, S.284), hängen die morphologischen Veränderungen (z.B. Muskelaufbau) im weiteren Trainingsverlauf nicht nur von höheren Lasten bzw. muskulären Spannungen (= Prinzip der progressiven Belastungssteigerung), sondern vor allem von der erst in mehreren Sätzen optimal erreichbaren Ausschöpfung der Kreatinphosphatspeicher ab (Fröhlich, 2006, S.284). Aufgrund ihrer guten Konstitution und um das angestrebte Ziel des Muskelaufbaus in angemessener Zeit zu erreichen, scheint ein Mehrsatztraining für Frau X mit mindestens 2 Sätzen pro Übung die effizientere Variante. Dem Prinzip der Dauerhaftigkeit und Kontinuität des Trainings folgend, werden für jede Muskelgruppe 1-2 Übungen angesetzt, so dass jede Muskelgruppe mindestens einen trainingswirksamen Reiz (= Prinzip des trainingswirksamen Reizes) pro Trainingseinheit erfährt. Der Spielraum von 1-2 Übungen ergibt sich daraus, dass nicht jede Muskelgruppe vollständig isoliert trainiert werden kann bzw. Anfänger noch nicht über die dazu erforderliche Übungskoordination verfügen (Gottlob, 2013, S.39); bestimmte Muskelgruppen werden u.U. 2mal pro Übung beansprucht (z.B. als Agonist, Synergist, Stabilisator oder Antagonist). Für Anfänger, aber auch als gezielte Sportintervention gegen Rückenschmerzen (= Prinzip der Individualität und Altersgemäßheit), ist vor allem ein apparatives Ganzkörpertraining geeignet, bei dem alle großen Muskelgruppen angesprochen werden (Stephan, Goebel & Schmidtbleicher, 2011, S.70, 72). Frau X wird daher in allen 4 Mesozyklen ein Ganzkörpertraining absolvieren, bei dem vor allem Rücken-, Bauch-, Hüft- und Schultermuskulatur belastet werden. Mit unterschiedlichen Trainingsmethoden werden unterschiedliche Adaptationen des Körpers provoziert, d.h. nicht alle Trainingsziele werden gleichzeitig und mit derselben Methode erreicht (Güllich & Schmidtbleicher, 1999, S.23). Im Makrozyklusplan von Frau X wechseln daher mit jedem Mesozyklus sowohl Zielsetzung als auch Trainingsmethode (= Blockperiodisierung). So kann jede Methode ihre spezifische Wirkung optimal entfalten und Frau X im Folgezyklus von den bereits erzielten Anpassungen profitieren.

In Mesozyklus I ist ein umfangsorientiertes Kraftausdauertraining als Stationstraining vorgesehen, wodurch ein erhöhter Ermüdungswiderstand und eine verbesserte Regenerationsfähigkeit erreicht werden sollen. Dies gelingt durch die Gewöhnung an das Gerätetraining, das Erlernen der korrekten Bewegungsabläufe, die Verbesserung des anaeroblaktaziden Stoffwechsels der Muskulatur, eine erhöhte Laktattoleranz, die Erweiterung der Muskelglykogenspeicher, eine verstärkte Muskelkapillarisierung sowie eine optimierte Stoffwechselsituation des Bindegewebes. Mesozyklus II dient als Übergangstraining (die Wiederholungszahl liegt zwischen Kraftausdauer- und Hypertrophie-training) der Gewöhnung an höhere Gewichtslasten (= Prinzip der progressiven Belastungssteigerung). Konzipiert als Zirkeltraining sorgt er mit neuen Übungen für Abwechslung und Variation (= Prinzip der variierenden Belastung). Zudem löst die gestiegene Intensität folgende Anpassungen aus: verbesserte inter- und intramuskuläre Koordination, bessere Rekrutierung und Frequenzierung von motorischen Einheiten, Aufbau von Muskelmasse, Erhöhung des Energiepotentials der phosphagenen Speicher und der Festigkeit der Bindegewebsstrukturen (vgl. Eifler, 2013, S.28; Flicke, 2014, S.62ff; Boeckh-Behrens & Buskies, 2005, S.42, 44f, 47-50). Diese Prozesse werden durch das intensitätsorientierte

Stations-Hypertrophietraining in Makrozyklus III verstärkt, der Körper von Frau X profitiert von den bereits erfolgten neuronalen und strukturellen Anpassungen, die Muskelmasse und das Kraftniveau nehmen zu. Damit sind die nötigen Voraussetzungen gegeben, um im Mesozyklus IV durch einen umfangsorientierten Kraftausdauerzirkel das erreichte Kraftniveau zu stabilisieren, die (neu dazugewonnene) Muskelmasse zu erhalten und Körperfett abzubauen.

4   Trainingsplanung Mesozyklus

Tab. 5: Mesozyklus I/Kraftausdauer

MESOZYKLUS I (6 Wochen)						
	ZIEL: Kraftausdauer			Ganzkörpertraining/STATION		
Übungen pro Muskelgruppe	Sätze pro Übung	Wiederholungen	Satzpausen	Bewegungstempo (Time Under Tension)		
2	2	je 20	je 60 Sek.	2-0-2		
	Woche 1	Woche 2	Woche 3	Woche 4	Woche 5	Woche 6
ILB-Intensität	50%	55%	60%	65%	70%	70%
Beinpresse horizontal sitzend	25kg	27,5kg	30kg	32,5kg	35kg	35kg
Latzug vertikal zum Nacken	15kg	17kg	18kg	20kg	21kg	21kg
Crunch / Bauchmaschine	15kg	17kg	18kg	20kg	21kg	21kg
Brustpresse sitzend	15kg	17kg	18kg	20kg	21kg	21kg
Rückenstrecken / lumbale Extensionsmaschine	25kg	27,5kg	30kg	32,5kg	35kg	35kg

In den obigen Tabellen sind alle relevanten Daten für Mesozyklus I/Kraftausdauer dargestellt. Dem Haupttrainingsziel von Frau X (= Reduktion der Rückenschmerzen) und ihrem Status als Anfängerin entsprechend, ist dieser Mesozyklus so konzipiert, dass eine Gewöhnung an das Gerätetraining, eine dem ILB-Raster folgende progressive wöchentliche Intensitätssteigerung über erhöhte Gewichtslasten (um jeweils 5%, wobei je nach gerätespezifischer Gewichtsabstufungsmöglichkeit auf- bzw. abgerundet wird) und die dadurch ausgelösten Adaptationsprozesse (siehe dazu Lösung Teilaufgabe 3, S.11f) stattfinden können. Das Hauptaugenmerk liegt dabei auf einer allgemeinen Erhöhung der Gewebsfestigkeit sowie einer Stärkung der „… stabilisierenden und der dynamisch aktiven Muskelgruppen …" (Gottlob, 2013, S.169) vor allem im Rumpfbereich, wo bei Rückenschmerzpatienten von „… Kraftdefiziten zwischen 30 und 80% berichtet" wird (Gottlob, S.2013, S.177). „Eine kräftige Rückenmuskulatur und ein rückengerechtes Verhalten sind dagegen in der Lage, eine Schutzfunktion zu übernehmen, indem sie die betroffenen Bewegungssegmente stabilisieren, die Belastung auf die Bandscheiben und Wirbelgelenke gleichmäßig verteilen …" (Flicke, 2014, S.29) und die Wirbelsäule gegen einwirkende Kräfte sichern, vor Verschleiß bewahren und in ihrer Funktion als zentrales Achsenorgan unterstützen (Flicke, 2014, S.29). Bei der Auswahl der Übungen für Frau X wurde darauf geachtet, ein möglichst ausgewogenes Ganzkörpertraining (d.h. v.a. Rücken-, Bauch-, Bein-, Hüft- und Schultermuskulatur) mit dem Schwerpunkt Wirbelsäulenstabilisation/-mobilisation zu entwerfen und Übungen zusammenzustellen, die den Großteil der von Gottlob definierten 7 muskulären Wirbelsäulen-Sicherungssysteme (d.i. M. erector spineae, M. obliquus interneus/externus, M. transversus abdominis, M. quadratus lumborum, M. latissimus dorsi, M. gluteus maximus, M. rectus abdominis; M. psoas major, M. iliopsoas, M. rectus femoris, ischiocrurale Muskulatur, HWS-Muskulatur, M. trapezius pars descendens) (Gottlob, 2013, S.171) trainieren. Gemäß der positiven „Effekte maschinengestützten Krafttrainings in der Behandlung chronischen Rückenschmerzes" (Stephan, Goebel & Schmidtbleicher, 2011, S.69) werden die Übungen schwerpunktmäßig an geführten Maschinen absolviert. Nach Gottlob hat das Gerätetraining u.a. folgende Vorteile: gezieltes Auftrainieren bestimmter Muskelgruppen, Entlastung von üblicherweise beteiligten Gelenken, Optimierung von biomechanischen Belastungsreizen, Entlastung schmerzender Strukturen, frühzeitigere Intensitätssteigerungen auch für Anfänger (Gottlob, 2013, S.53). Darüber hinaus kann geführtes Gerätetraining ein gewisses ‚Sicherheitsgefühl' vermitteln, da das Risiko von fehlerhaften Bewegungen, unphysiologischen Belastungen und Verletzungen reduziert ist. Frau X kann sich ohne mentale ‚Bewegungshemmung' auf das Training einlassen. Die Übungsabfolge ist eingedenk der zunehmenden physischen und psychischen Ermüdung während der Trainingseinheit in absteigender Reihenfolge aufgebaut, d.h. von großen zu kleinen Muskelgruppen, von koordinativ anspruchsvollen zu weniger anspruchsvollen Bewegungen. Als Erstes absolviert Frau X daher die komplexe mehrgelenkige (Hüft- und Kniegelenk) Übung ‚Beinpresse horizontal sitzend', „… eine günstige Übungsform für die gesamte Knie-Hüft-Streckschlinge" (Gottlob, 2013, S.352). Dabei wird die gesamte Beinmuskulatur (Oberschenkelvorder- und rückseite, M. gluteus maximus, ischiocrurale Muskulatur; Hüftab-

/adduktoren) trainiert, was zu einer Entlastung bzw. Stabilisation der Knie- und Hüftgelenke sowie einer Stabilisation des Beckens führt und der Wirbelsäulenhaltung bzw. -statik dient (Gottlob, 2013, S.171). Die zweite Übung ‚Latzug vertikal zum Nacken' ist ebenfalls eine komplexe mehrgelenkige Übung (Schulter- und Ellenbogengelenke), bei der viele und große Muskelgruppen in Rücken, Schultern und Oberarmen angesprochen werden. U.a. wird der M. latissimus dorsi gekräftigt, der gemeinsam mit dem M. gluteus maximus für die diagonale Verspannung der Fascia thoracolumbalis sorgt; dies ist wichtig für die „… Eigenstabilisierung und eine belastungsgünstige Kräfteableitung …" (Gottlob, 2013, S.341). In der dritten Übung ‚Crunch' werden die Bauchmuskeln (M. rectus abdominis, M. obliquus externus/internus abdominis und M. transversus abdominis) gekräftigt, die gemeinsam mit den Rückenmuskeln „… das muskuläre Korsett des Menschen bilden. Sie stabilisieren und entlasten die Wirbelsäule beim Heben, Stehen, Sitzen und haben entscheidenden Einfluss auf die Haltung und die Position des Beckens und der Wirbelsäule." (Boeckh-Behrens & Buskies, 2005, S.120). Wurde in Übung 2 v.a. der M. latissimus dorsi trainiert, dient die vierte Übung ‚Brustpresse' an der Bankdrückmaschine der Kräftigung seines Antagonisten, dem M. pectoralis major. Für eine stabile Körperhaltung und Körperspannung sowie zur Vermeidung von (trainingsinduzierten) Fehlhaltungen oder Bewegungen, ist es wichtig, dass Frau X Agonisten und Antagonisten gleichermaßen trainiert. Zudem ist es mit Blick auf das dritte Ziel von Frau X (= Muskelaufbau/Reduktion Körperfettanteil) günstig, große Muskelgruppen zu trainieren, um deren Stoffwechselaktivität zu erhöhen. Die fünfte Übung ‚Rückenstrecken an der lumbalen Extensionsmaschine' dient der Stärkung des M. erector spinae, der bei der Wirbelsäulenentlastung eine entscheidende Rolle spielt. Zu seinen Funktionen zählen: Stabilisation der Wirbelsäule, Aufrichten des Rumpfs („Nur der Erector spinae vollbringt die Aufrichtung aus einer Rundrückhaltung in eine ‚gerade' Körperhaltung (Gottlob, 2013, S.180)), Unterstützung der Rotations- und Seitneigungsbewegungen der Wirbelsäule. Allgemein erzielt Frau X durch das Training der Rückenstreckmuskulatur eine erhöhte Rumpfstabilität und -funktionalität, die ihr bei Alltagsbelastungen und im Laufsport als Leistungssteigerung und Verletzungsprophylaxe zugutekommt (Gottlob, 2013, S.179, 181). Zudem führen die durch die Bewegung ausgelösten Druck-/Wechselbelastungen zu einer Steigerung der Festigkeit von Wirbelgelenken, Wirbelkörpern und Bandscheiben, die darüber hinaus von einem „… erhöhten Einstrom von Nährstoffen" (Gottlob, 2013, S.181) profitieren.

5   Literaturrecherche

Thema: Effekte des Krafttrainings bei Rückenbeschwerden

Studie 1: Long-term effects of supervised physical training in secondary prevention of low back pain.

Tab. 6: Studie 1

Autoren	Maul, I., Läubli, Th., Oliveri, M. & Krueger, H.
Publikationsjahr	2005
Versuchspersonen	183 Krankenhausangestellte mit chronischen Rückenschmerzen (low back pain); davon absolvierten 148 das gesamte Programm
Untersuchungsdesign	Die 183 Versuchspersonen wurden zufällig einer Trainings- und einer Vergleichsgruppe zugeordnet. Die **Trainingsgruppe** absolvierte ein 3-monati-ges betreutes Körpertraining mit einer Rückenschule, die **Vergleichsgruppe** nur die Rückenschule. Mithilfe verschiedener Messverfahren wurde die Funktionsfähigkeit der Probanden getestet; zudem wurden zu drei Zeitpunkten (vor, kurz nach sowie 6 Monate nach der Intervention) anhand von Fragebögen Daten zum subjektiven Schmerzempfinden, erlebter Beeinträchtigung und allgemeinem Wohlbefinden erhoben. 12 Monate sowie 10 Jahre nach der Intervention bewerteten die Probanden deren Wirksamkeit.
Ergebnisse	Das betreute körperliche Training verbesserte signifikant die muskuläre Ausdauer und die isokinetische Kraft bis sechs Monate nach der Intervention; zudem konnten die subjektiv erlebten Schmerzen und Beeinträchtigungen bis zu 12 Monate nach der Intervention effektiv gesenkt werden. 10 Jahre nach der Intervention bewerteten die Probanden der Trainingsgruppe die Wirksamkeit der Intervention signifikant besser als die Teilnehmer der Kontrollgruppe.
Schlussfolgerungen	Betreutes körperliches Training verbessert effektiv die funktionelle Leistungsfähigkeit (bis zu 12 Monate nach Abschluss des Trainings) und verringert Rückenschmerzen sowie erlebte Beeinträchtigungen signifikant. Dass die Probanden die Wirkung der Intervention auch nach 10 Jahren positiv bewerten, lässt auf einen langfristigen Trainingsnutzen schließen.

Studie 2: Effekte maschinengestützten Krafttrainings in der Behandlung chronischen Rückenschmerzes.

Tab. 7: Studie 2

Autoren	Stephan, A.[1], Goebel, S.[1] & Schmidtbleicher, D.[2] ([1]Abteilung Forschung und Entwicklung, Kieser Training AG; [2]Institut für Sportwissenschaften der Johann Wolfgang Goethe-Universität Frankfurt/Main)
Publikationsjahr	2011
Versuchspersonen	**Trainingsgruppe**: 58 Personen (Frauenanteil: 53,4%) im Alter von durchschnittlich 44 Jahren mit Rückenschmerzen (zu 96,9% im LWS-Bereich) im frühen Chronifizierungsstadium 1 mit gering-moderaten Alltagsbeeinträchtigungen. **Kontrollgruppe**: 16 Personen (Frauenanteil: 62,5%) im Alter von durchschnittlich 44 Jahren mit Rückenschmerzen (zu 93,8% im LWS-Bereich) im frühen Chronifizierungsstadium 1 mit gering-moderaten Alltagsbeeinträchtigungen.
Untersuchungsdesign	Die 58 Versuchspersonen der Trainingsgruppe absolvierten über 6 Monate 6-mal monatlich ein 30-minütiges progressives hypertrophieorientiertes maschinengestütztes Krafttraining mit variablem Widerstand. Das Programm umfasste alle großen Muskelgruppen, darunter auch die Lumbalextensoren und wurde im 10. und jedem 20. Training kontrolliert und ggf. angepasst. Die 16 Personen der Kontrollgruppe nahmen im Interventionszeitraum an keiner Trainingsmaßnahme teil. Folgende Daten wurden zum Interventionsbeginn sowie nach 3 und 6 Monaten erhoben: - Schmerzhäufigkeit, -dauer, durchschnittliche und größte Schmerzstärke; gemessen mit der MOS-Skala „Pain Severity" (PS) - Einfluss der Schmerzen auf bestimmte Lebensbereiche; gemessen mit der MOS-Skala „Effects of Pain" (EP) - Schmerzausmaß und Beeinträchtigung im Alltag; gemessen mit dem „Oswestry Disability Index" (ODI) - lumbale Extensionskraft als isometrische Maximalkraft; gemessen am Testgerät MedX Lumbar Extension in maximal 7 Winkelpositionen
Ergebnisse	Am Ende der Intervention erreichte die Trainingsgruppe mit einer 38%-igen Reduktion der mittleren Schmerzstärke eine klinisch-relevante Veränderung; die Schmerzstärke der Kontrollgruppe verblieb mit 26% unter der klinisch-relevanten Grenze von mindestens 30%. Auch eine Reduktion der schmerzbedingten Beeinträchtigungen im Alltag sowie eine Zunahme der lumbalen Extensionskraft konnten in signifikantem Ausmaß nur für die Trainings-, aber nicht für die Kontrollgruppe nachgewiesen werden.

Schlussfolgerun- gen	Ganzkörperkrafttraining mit einer Frequenz von 6-mal monatlich ist für Personen mit chronischem Rückenschmerz im Frühstadium eine geeignete Sportintervention, um das Schmerzniveau zu senken, das Erleben alltäglicher Beeinträchtigungen zu reduzieren und Kraft aufzubauen.

6 Literaturverzeichnis

Boeckh-Behrens, W.-U. & Buskies, W. (2005). Fitness-Krafttraining. Die besten Übungen und Methoden für Sport und Gesundheit. (9. Auflage). Reinbek bei Hamburg: Rowohlt Taschenbuch Verlag

Deutsche Adipositas Gesellschaft (DAG) e.V., Deutsche Diabetes Gesellschaft (DDG), Deutsche Gesellschaft für Ernährung (DGE) e.V. & Deutsche Gesellschaft für Ernährungsmedizin (DGEM) e.V. (Hrsg.) (2014). *Interdisziplinäre Leitlinie der Qualität S3 zur „Prävention und Therapie der Adipositas"*. Düsseldorf: Arbeitsgemeinschaft der Wissenschaftlichen Medizinischen Fachgesellschaften e.V. (AWMF). Zugriff am 24.06.2016. Verfügbar unter: http://www.awmf.org/uploads/tx_szleitlinien/050-0011_S3_Adipositas_Pr%C3%A4vention_Therapie_2014-11.pdf

Deutsche Gesellschaft für Kardiologie – Herz- und Kreislaufforschung (DGK) e.V. & Deutsche Hochdruckliga e.V. DHL® Deutsche Gesellschaft für Hypertonie und Prävention (Hrsg.). (2013). *ESC Pocket Guidelines. Leitlinien für das Management der arteriellen Hypertonie.* Grünwald: Börm Bruckmeier Verlag GmbH. Zugriff am 24.06.2016. Verfügbar unter: https://www.hochdruckliga.de/tl_files/content/dhl/downloads/2014_Pocket-Leitlinien_Arterielle_Hypertonie.pdf

Eifler, C. (2013). Empirische Überprüfung der Effekte verschiedener Ansätze zur Intensitätssteuerung im fitnessorientierten Krafttraining. Dissertation, Universität des Saarlandes. Saarbrücken. Zugriff am 24.06.2016. Verfügbar unter: http://scidok.sulb.uni-saarland.de/volltexte/2013/5573/pdf/dissertation_eifler_211113.pdf

Flicke, Tom. (2014). *Sport & Fitness. Sportfachlich beraten und betreuen.* Berlin: Cornelsen Verlag.

Fröhlich, M. (2006). Zur Effizienz des Einsatz- vs. Mehrsatz-Trainings. Eine metaanalytische Betrachtung. *Sportwissenschaft, 36* (3), 269-291. Schorndorf: Hofmann-Verlag. Zugriff am 28.06.2016. Verfügbar unter: http://web.swi.uni-saarland.de/files/file/Froehlich%20aus%20SW3-07%20Einsatztraining%20versus%20Mehrsatztraining%20Sportwissenschaft.pdf

Gottlob, A. (2013). Differenziertes Krafttraining mit Schwerpunkt Wirbelsäule. (4., komplett überarbeitete Auflage). München: Urban & Fischer

Granacher, U. & Borde, R. (2013). Dosis-Wirkungs-Beziehungen beim Krafttraining im Alter. *Schweizer Zeitschrift für Ernährungsmedizin*, (5), 22-32. Neuhausen: Rosenfluh Publikationen AG. Zugriff am 26.06.2016. Verfügbar unter: https://www.rosenfluh.ch/media/ernaehrungsmedizin/2013/05/DosisWirkungsBeziehungen_beim_Krafttraining_im_Alter.pdf

Güllich, A. & Schmidtbleicher, D. (1999). Struktur der Kraftfähigkeiten und ihrer Trainingsmethoden. *Deutsche Zeitschrift für Sportmedizin, 50* (7+8), 223-234

Herm, K.-P. (2003). Körperfettmessung. Standards der Sportmedizin. *Deutsche Zeitschrift für Sportmedizin, 54* (5), 153-154

Löllgen, H. (2004). Das Anstrengungsempfinden (RPE, Borg-Skala). Standards der Sportmedizin. *Deutsche Zeitschrift für Sportmedizin, 55* (11), 299-300

Maul, I., Läubli, Th., Oliveri, M. & Krueger, H. (2005). Long-term effects of supervised physical training in secondary prevention of low back pain. *European Spine Journal 14,* (6), 599-611. Heidelberg: Springer. Zugriff am 05.06.2016. Verfügbar unter: http://link.springer.com/article/10.1007/s00586-004-0873-3

Miessner, W. (2012). Richtig Krafttraining. Grundlagen und Programme. (2., neu bearbeitete Auflage, Neuausgabe) München: BLV Buchverlag

Stephan, A., Goebel, S. & Schmidtbleicher, D. (2011). Effekte maschinengestützten Krafttrainings in der Behandlung chronischen Rückenschmerzes. *Deutsche Zeitschrift für Sportmedizin 62*, (3), 69-74. Augsburg: Dynamic Media Sales Verlag. Zugriff am 05.06.2016. Verfügbar unter: http://www.zeitschrift-sportmedizin.de/fileadmin/content/archiv2011/heft03/pdf_3_2011/originalia_stephan_01.pdf

7   Tabellenverzeichnis